Copyright © 2021 Short Moments for Kids (Momentos Breves para Niños)

Todos los derechos reservados.

Ninguna parte de esta publicación puede ser reproducida o distribuida en formato alguno sin consentimiento previo por escrito del editor.

Texto © 2021 Ziji Rinpoche
Ilustraciones y diseño de portada © 2021 Celine Wright

Título en el idioma original: Rest Is Best!
Traducción al español © 2022

Libro #5 de la serie "BeginningMind" (Iniciación a la naturaleza de la mente)
ISBN de Tapa dura: 978-1-915175-53-3
ISBN de Tapa blanda: 978-1-915175-52-6
ISBN de Ebook: 978-1-915175-54-0

http://shortmomentsforkids.com

Short Moments of Strong Mind
for Kids

Dedicado a... ¡ti!

"Practica la mente fuerte cuando tengas sentimientos tormentosos porque la mente fuerte siempre está feliz, calma y tiene una amabilidad muy poderosa.

La mente fuerte está siempre disponible para ayudarte. ¡La mente fuerte te pertenece y nadie puede quitártela! ¡Te pertenece!"

Debo ser amable
conmigo mismo.

Cada minuto,
debo ser amable
conmigo mismo.

Amable con mi cuerpo,
amable con mi mente,
amable en mis palabras.

Descansar mi cuerpo.
Descansar mis palabras.
Descansar mi mente.
Tan amable.

Soy muy amable conmigo mismo.
Hasta puedo darme un abrazo.

O puedo pedirle un abrazo
a uno de mis amigos favoritos.

"Por favor,
dame un abrazo".

Soy fuerte; mi mente,
mi cuerpo y mis palabras
son fuertes,
más allá de con quién esté
o qué pase en mi vida.

Siempre soy muy fuerte y feliz...

...aunque otros no lo sean.

También puedo mostrarles
a otros niños y adultos
cómo ser felices.

Descanso mi mente,
me siento feliz,

estoy totalmente feliz,
me siento tan bien.

Cuando descanso mi mente,
soy muy amable conmigo mismo.

Siempre puedo sentirme feliz
cuando descanso mi mente.
Cuando descanso mi mente, la siento grande
como el cielo.
Entonces, mis sentimientos pasan volando
como un ave en el cielo.

Así como el sol hace que el día brille,
descansar la mente...

...hace que la mente esté brillante y relajada.

Cuando corro y juego,
me canso.
Entonces necesito descansar mi cuerpo
porque estoy cansado.

Mi mente también se cansa y necesita descansar.
¡Mi mente descansa todo el día!
¡Mi mente descansa toda la noche!
¡Descansar es lo mejor!

Descansar mi mente
me hace feliz.

¡Descansar es lo mejor!
¡Lo mejor es descansar!

La autora Ziji Rinpoche y su maestro Wangdor Rimpoche

Ziji Rinpoche ama enseñar y escribir y su último libro se llama "Al surfear un tsunami…".

Ziji Rinpoche es la sucesora del linaje Dzogchen del Venerable Wangdor Rimpoche. Cada metáfora e instrucción clave tiene su origen en las Enseñanzas Dzogchen que se pasan de un maestro a otro, como una cadena de montañas doradas.

Wangdor Rimpoche le pidió a Ziji Rinpoche que efectuara la continuación del Dzogchen en el ámbito de la cultura global contemporánea. Ziji Rinpoche estableció la comunidad en línea de Breves Momentos para apoyo mutuo en la familiarización con la naturaleza de la mente. Mediante la aplicación Short Moments cualquier persona puede tener acceso a enseñanzas Dzogchen profundas y poderosas. Descubre más en http://shortmoments.com

La ilustradora Celine Wright

Celine ama dibujar, empoderar a los niños y niñas y contar historias. Cuando fue introducida a la naturaleza de la mente por Ziji Rinpoche, quedó impactada por el poder de la mente, abierta como el cielo, siempre clara y sabia sin importar los sentimientos tormentosos. Ella reconoció que amaría haber aprendido sobre la mente en su infancia. Se sintió inspirada para ilustrar las enseñanzas en libros para niños, que introducen la mente fuerte a los niños.

Combinando su formación en Bellas Artes (licenciatura), Artes del Espectáculo (máster), Dzogchen (estudiante de Ziji Rinpoche desde 2007) y Educación de la Temprana Infancia (asistente maternal), Celine ahora enseña Dzogchen para Niños, lee libros en escuelas y festivales y ama ilustrar nuevos libros en http://shortmomentsforkids.com.

www.ingramcontent.com/pod-product-compliance
Lightning Source LLC
Chambersburg PA
CBHW041501220426
43661CB00016B/1221